LA NUEVA NORMALIDAD OCTUBRE 2020

¿EXISTE?

¿ES UNA ILUSIÓN?

Igual, Mejor o peor

Llena este espacio con tu puño y letra:

¿EXISTE UNA NUEVA REALIDAD?

Reflexiona para ti:
_____
_____
_____
_____
_____
_____
_____
_____
_____
_____
_____
_____
_____
_____
_____
_____
_____
_____
_____
_____.

LA NUEVA NORMALIDAD OCTUBRE 2020

¿EXISTE?

¿ES UNA ILUSIÓN?

Igual, Mejor o peor

Por
DIEGO MARIN CHARRIS.,MD

Autor de los éxitos en tienda Kindle gratis, **UN LIBRO PARA MÍ, IMAGINACIÓN, REALMENTE, MARAVILLOSA ALEGRÍA, APRECIACIÓN.**

© Autor Diego Marín Charris 2020
asesor.consultorone@gmail.com
Primera Impresión 2020

Derechos Reservados:
Este trabajo es propiedad intelectual del autor. Está prohibida la reproducción parcial o total del texto sin el permiso escrito del autor de los derechos.

NOTA: Cualquiera sea la versión por la cual usted adquiera este documento (ebook Kindle, paperback, gratis o pagado) le agradezco apreciado lector sus comentarios en la página oficial del sitio del libro, como una retroalimentación para mi desempeño como autor.

Gracias por anticipado.

APOYE MI CREACIÓN
COMPRE, DONE, PARA ENTRETENERSE
asesor.consultorone@gmail.com
A la gente le encanta

Dedico este libro
Al ser universal que me creo
A mi mamá, Electa
A mi hermano, Gonzalo
A Felipe
A los maravillosos seres que me rodean
Muchas Gracias

CONTENIDO

INTRODUCCIÓN

¿ES REAL O ES UNA ILUSIÓN?

ANTES

DURANTE

DESPÚES

AHORA

¿QUÉ SUCEDIÓ EN ESTOS MESES?

¿QUÉ HACEMOS?

EPÍLOGO

Llena este espacio con tu puño y letra:

¿HAGO PARTE DE ESTA NUEVA NORMALIDAD?

_____
_____
_____
_____
_____
_____
_____
_____
_____
_____
_____
_____.

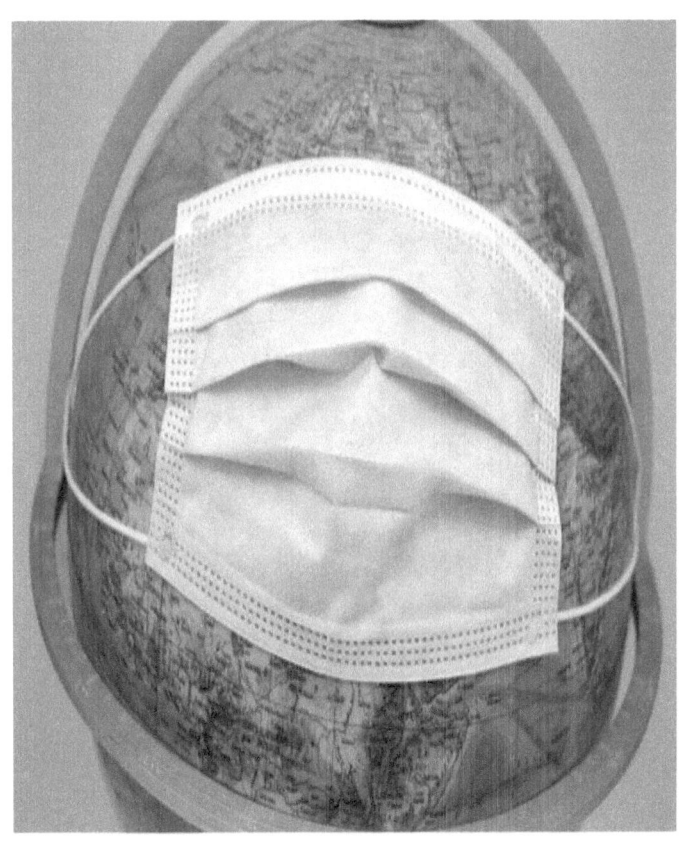

Imagen de Frauke Riether en Pixabay

INTRODUCCIÓN

Esta es mi visión muy particular del tema de la normalidad desde este Octubre 2020.

Usted debe tener su propia forma de mirar, de observar el fenómeno, debe ejercer sus capacidades de atención, voluntad, inteligencia, para dejar fluir su ser y obtener el mejor escenario de vida que pueda plantearse desde la consciencia.

Me encanta apreciar lo inspiradora que puede ser nuestra mente comprometida con nuestra sobrevivencia, para aquello que le interesa, que le hemos dado forma y atención, se encarniza como un perro a su hueso, pero si no es de su incumbencia se contradice plenamente, sin juicios ni moralidad.

Curiosamente nos habla, se expresa, como esa voz interior diciendo claramente que existe una dualidad, pero que ella va a tomar el camino conocido, la escuchamos y dejamos obrar, en la creencia de que lo conocido siempre es la mejor alternativa de vida.

Sobre estas bases creemos con fe ciega adaptarnos a los sucesos que modifican el estado de equilibrio de nuestra vida, no obstante, mi propia experiencia me demuestra que, seguimos el mismo camino aprendido desde la inconsciencia, aunque el auto engaño sea la fuente la incoherencia que vivimos.

Superar un evento poco corriente supondría el ejemplo, creemos saber siempre es para aprender, sin embargo, no se aprende el mensaje, no supera la barrera de la inconsciencia, modelo tipo de la incoherencia que acabo de señalar.

Testigos sobrevivientes del accidente aéreo de los Andes de 1972 declararon en sus conferencias, que la vida posterior al evento, los introdujo en la misma rutina que estimaron sería diferente después de dicha tragedia, para alcanzar el mejor nivel del ser.

Partiendo de estas premisas, usted lo sabe, usted lo ve, yo lo veo, yo lo sé, y sin embargo aparece tan imperceptible a los sensores naturales, y a los estados del ser, que no se aprecia desde la consciencia humana, en una aparente y total negación de la vida, de la ilusión, de la existencia,

Por lo tanto, ¿No lo vemos? Pregunto.

La situación no se puede nominar, etiquetar y por eso, se torna invisible para la especie humana.

En el estado de la naturaleza un fenómeno se transforma de la misma manera, tal como lo he descrito, con una intangibilidad evidente, me refiero al desarrollo y al crecimiento de cada individuo de la especie desde el nacimiento hasta su fallecimiento.

O sea, durante cada instante estamos cambiando físicamente y no lo percibimos, a pesar de ello está sucediendo.

En similar sentido, el entorno natural varia, el movimiento de la tierra, el flujo solar, el clima, son diferentes en cada temporalidad y no lo apreciamos aunque nos sobrecoja; Incluso la infraestructura de las urbes no es la misma de nuestra infancia, y no obstante, su apreciación pasa desapercibida desde la visón consciente.

Cada ambiente descrito y no percibido está produciendo un efecto directo o indirecto sobre la existencia del hombre.

La especie se encuentra ante la misma experiencia en este momento.

Los cambios han invadido poco a poco el sistema, introduciéndose en el campo gravitacional de la vida con los efectos referidos, y no lo hemos visto.

Primero la televisión, luego los incipientes ordenadores, se sumo a la cadena Internet en los años 60, en la década siguiente los teléfonos móviles, con su prospección inteligente, las redes y plataformas sociales tecnológicas incrementaron la penetración de hogares, puestos de trabajo, ocio y diversión, modificando los patrones corrientes mentales y de acción de manera continuada, constante.

Y esta dinámica activa ha surcado el campo de la existencia de la humanidad a lo largo de cincuenta años, en el marco, incluso de un nuevo siglo, y a pesar de su gran impacto y adaptación, tampoco ha sido percibida bajo un alto estándar de consciencia.

Quiero decir, en nuestras manos deambula un arsenal de tecnología impresionante (móvil inteligente- nos supera), cargado de aplicaciones, software avanzados (aunque somos su fuente, nos maravillamos), que han modificado las practicas humanas, redirigidas por esos medios de comunicación sin apreciarlo en su alcance desde la masa global de seres.

Nos satisface su uso, pero no su afectación disfrazada de beneficio a pesar de las justificaciones.

Estos cambios sigilosos, han llegado a invadir el escenario del dinero y su desmaterialización, lo digital, las criptomonedas son una realidad, el dinero plástico la segunda invasión, luego las aplicaciones financieras para el manejo de los productos bancarios, y la reducción del circulante en efectivo; solamente números circulan las redes de la tecnología creando un panorama de incertidumbre diferente para cada generación.

Los adultos mayores temerosos al acudir a esos medios, alarmados por la ausencia de evidencia de su riqueza y bienes, conformados por números en cuentas que solo visualizan cuando extraen de un cajero el efectivo.

Aquellos de la transición ven los dos mundos en apariencia, el viejo de la seguridad de sus padres, y el nuevo de la era digital con sus bondades en el proceso de su inducción.

Y finalmente la nueva generación, niños del siglo XXI, que ya pertenecen a la contemporánea industria, dispuestos a vivir dentro y fuera de la tecnología, ahora desde sus casas en la vida cotidiana y laboral sumados, con diversiones del pequeño televisor, celular móvil o súper-inteligente, con transacciones con sus tarjetas celulares, claves dinámicas, plásticos, y creencia en un estándar sofisticado de transacciones de este nivel, perfectamente adaptados sin flujos existenciales contradictorios ahora.

Entonces, contemplamos con admiración, este suceso se está haciendo patente ahora mismo, enfrente de nosotros y no lo advertimos.

El cambio se acelero drásticamente en un corto periodo de tiempo, el catalizador una situación global por todos conocida, esperada e inesperada, multitud de películas del siglo pasado de televisión y cine advertían del fenómeno, la historia de la humanidad narra eventos similares.

El hombre en su poder elevado de apreciación, en esferas de control y dominio, observaron el comportamiento humano, es decir, advirtieron la capacidad de observación limitada desde la consciencia de los hombres, el factor de sobrevivencia a toda prueba, y la opción de cambiar como una variable imperceptible, y decidieron usarla para ordenar el mundo a su visión.

El planeta en el siglo pasado se trastorno en toda su evolución, el hábitat se contamino al punto del compromiso de la vida por el avance y desarrollo industrializado.

La población y las condiciones de vida favorables expandieron el número de seres, las actividades convencionales se saturaron, los espacios físicos de trabajo y vivienda dejaron de satisfacer la demanda, el sistema monetario al punto del colapso, con dos crisis sucedáneas, los movimientos sociales comenzaron a organizarse, la violencia se incremento en todas sus formas, el dinero en sus modelos de transacción ordinario no daba abasto; los procesos de inversión y rendimiento no permitían los réditos deseados; los grandes capitales reducidos en su expansión con mercados limitados y llenos de las nuevas ideas inmateriales en todos los países para rendir sus frutos con la dinámica y el "trabajo humano".

Este aparente caos merecía medidas y renovación urgentes, cuando ya habían sido introducidas las variables de cambio a finales del siglo XX (multifamiliares, grandes superficies de mercadeo y centros comerciales de convivencia, redes sociales, premios internacionales, ordenadores, terabytes, superautopistas de información, por ejemplo), sin el resultado esperado, por la resistencia de las generaciones en tránsito, población que tardaba mucho tiempo en acogerlas como cultura y envolverlas en lo cotidiano (Domótica e inmótica).

Y ahora el terreno se torno fértil para lograr esos cometidos de reorganización económica y social a nivel de todo el planisferio humano.

Las emociones incentivadas y la baja vibración incrementaron por el miedo y la ausencia de certeza, el éxito de las nuevas medidas, vigentes, para modificar hábitos, tendencias, usos, costumbres, formas, normas, modas, etc.

El fenómeno causa mi curiosidad, y voy a estudiarlo en los próximos capítulos, pues, parece novedoso en todas sus vertientes, pero en el fondo se aprecia que la tecnología es el único cambio notorio, pero los usos son los mismos, el dinero es la fuente del modelo aunque hoy sea digital e inmaterial, los mercados se nutren del mismo intercambio de bienes y servicios, y la naturaleza humana evolutiva, no en su modelo de biología, sino en su identidad, personalidad, e interacción sin variación, los mismos seres del Medioevo con similares respuestas a la pandemia del tifus de la edad media perviven hoy en el 2020, creería.

Por lo tanto la premisa inicial de este escrito encuentra fundamento en los argumentos de la introducción, lo sabemos, lo percibimos, lo notamos, lo vemos, pero no lo apreciamos ni lo hacemos consciente para la vida de cada individuo, la masa global es arrastrada en números sin forma ni contenido, simples estadísticas sin ningún valor agregado, por eso, es relevante el análisis para el auto reconocimiento, la auto indagación, la reprogramación, en el camino de recobrar la felicidad; mente y consciencia integrados funden las herramientas para retomar la existencia desde sus fundamentos, que no son precisamente los tecnológicos.

Un amigo cercano escucho mi discurso en una ocasión, y se opuso con una afirmación, predijo, - no te sería posible difundir tu producción literaria de reflexión vital de manera masiva, sin el estado del arte actual en los medios de difusión y plataformas especializadas, sentenció.

A lo cual repuse sinceramente, -es cierta tu precisión, pero olvidas lo fundamental, no sería necesaria esta maravillosa tarea, por cuanto los seres humanos vivirían felices en su diario acontecer migrando como nómadas en todos los terrenos, hábitats y ambientes naturales de la tierra, extasiados de su entorno y de las inspiradoras escenas que los acompañarían desde su nacimiento hasta su trascendencia en otro ser. Guardó silencio.

¿ES REAL O ES UNA ILUSIÓN?

El sesgo de la mente puede inducir confusiones que entendamos o comprendamos como realidades sin serlo.

Bien se ha dicho el hombre contemporáneo vive desde su mente, y crea las realidades que su material de memorias y experiencias condensa en fuente de surtido para pensamientos e imaginación, y allí un natural yerro de concepciones y visiones del mundo que lo rodea.

Para minimizar esa opción, sería conveniente esbozar cuales situaciones son las que desencadenan mi observación del estado del planeta vigente, para precisar, y desnudar si esta falencia está documentada en este texto, o si por el contrario, no es una ilusión mental, y es una realidad que pueden los sentidos captar aunque en nivel de inconsciencia, por ahora.

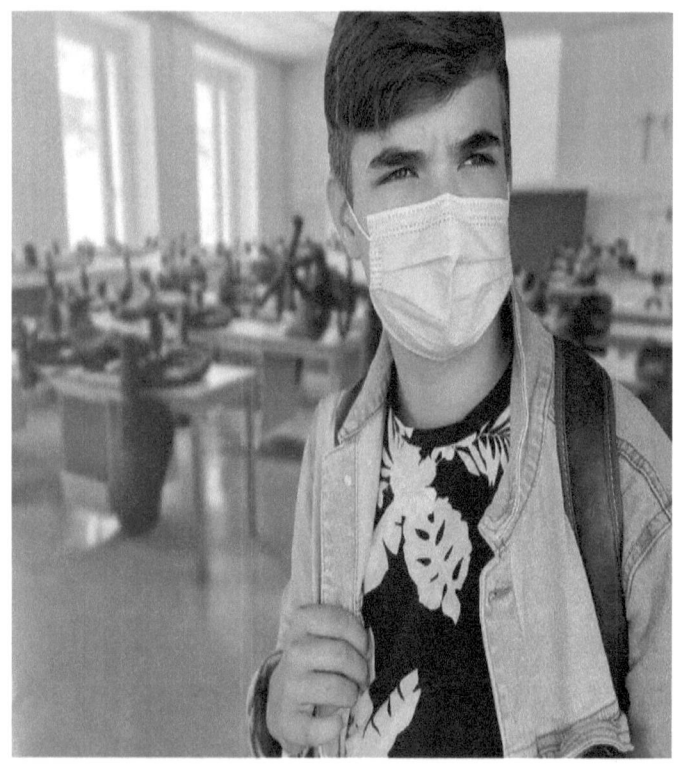

Imagen de Alexandra_Koch en Pixabay

ANTES

Entonces, antes del contagio mundial diseminado, de fuente en la comunidad China, el planeta como hemos ya insinuado, se encontraba bastante convulsionado por situaciones particulares que amenazaban la estabilidad mundial, algunas de ellas reflejo del dilema eran:

1. La caída de tradicionales sistemas de autoritarismo como el de Gadafi en Libia y Mubarak en Egipto redefinía la política global desde el 2011.

2. El modelo económico capitalista, y el sistema democrático en decadencia.

3. La guerra comercial entre China, Europa, Estados Unidos era noticia en ese periodo previo al virus; el dólar se devaluaba, el Yen y el Euro se fortalecían; Yuan a valores de la crisis del 2008. Depreciación de divisas emergentes; endeudamiento a niveles intolerables de las economías mundiales, incluso la deuda americana desbordaba límites de razonabilidad. Rusia y otros estados en plan de recuperación de sus divisas, compraban masivamente oro, hoy lo venden.

Las reservas de oro de USA no cubren el efectivo circulante ni las obligaciones con sus acreedores.

Insolvencia de economías europeas como la de Grecia, España y Turquía.

4. El desempleo, paro laboral, de la población activa, predominantemente joven se extendía como la pandemia, los países del G8 afectados de similar manera a Estados Unidos.

4. Conflictos entre Irán, USA; USA, Rusia; USA, Korea; El mundo y Venezuela, el petróleo en medio.

5. "Brotes de SARS y MERS controlados."

6. Protestas y Movimientos revolucionarios globales indefinidos, encabezados por las juventudes y universitarios, buscando reivindicaciones laborales, económicas, climáticas, sociales, educativas: Chalecos amarillos en Francia, Paros indefinidos en España, Francia, Brasil, Alemania,

Chile, Colombia, Bolivia, Argentina, Perú.

7. El clima mundial en caos a causa de la contaminación ambiental generalizada industrial, vehicular, calentamiento global, tormentas, inundaciones, tsunamis, alertas amarillas y rojas en grandes ciudades que no ceden con las medidas de restricción afectando la salud de los ciudadanos.

8. Migraciones masivas de africanos hacia Europa, refugiados fallecen cada día en el proceso. Rechazo de estas economías a la crisis humana. Venezolanos migran a países vecinos por crisis política.

9. El teletrabajo era una realidad normativa mundial, pero no se había logrado incentivar a la población del planeta para

masificarlo, apreciar sus ventajas y desventajas, los empleadores no tomaban liderazgo y acciones en ese sentido por desconfianza de los operadores.

10. La economía naranja se había instaurado en las agendas mundiales, de la mano del teletrabajo desde casa, o espacios de arrendamiento privados activos (cooworkers), acciones sumada al empresarismo, y emprendimiento bien reglados, pero poco efectivos en su impacto en el mercado laboral.

Situaciones en su conjunto que requerían de atención inmediata, para reducir las consecuencias; los Estados y la plana mayor de jóvenes gobernantes en un cambio generacional de tecnócratas en las presidencias y jefaturas de gobierno demostraban la incapacidad para dar salida eficiente a las situaciones.

Y por azar del destino, aparece la ola de contagio del COVID, que detona un concurso de situaciones que adormece la mente de la población mundial por un periodo prolongado de al menos seis meses, posiblemente más.

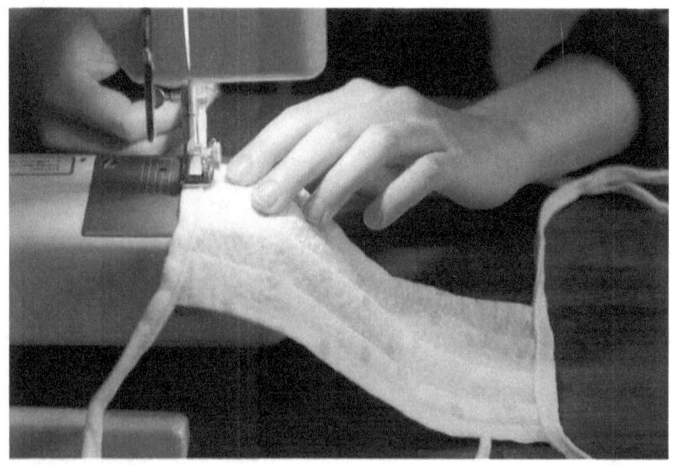

Imagen de ivabalk en Pixabay

DURANTE

Periodo que me permite hacer las siguientes observaciones adicionales:

- *Una gran coherencia y consonancia de los líderes del mundo en todos sus niveles de gobierno frente al dilema global viral, en cuanto a acciones, políticas, periodos, cuarentena, restablecimiento de normalidad, acciones de quedarse en casa, cierre de espectáculos, medidas de prevención, vacunas, trabajos desde hogar, mantenimiento de surtido de comida, importaciones de productos básicos, cierre de fronteras, reducción de la movilización interna, migración, etc.*

- *De la misma manera para salir a la "nueva normalidad."*

- *Integración en particular en el grupo de países de la OCDE, ante una situación aleatoria e intempestiva, fenómeno un poco extraño dadas las diferencias que usualmente se observan entre estos gobernantes.*

- *Las medidas de aislamiento afectaron la economía doméstica de la población y de los negocios, y aunque se tomaron medidas para paliarlos de manera insuficiente, generaron cierre de muchos negocios, problemas con arrendamientos, y endeudamiento de la población, devolviendo control a los mercados financieros abarrotados de deudores, producto de periodos de gracia, y relativo alivio, incrementando los cobros por intereses y monto de las cuotas al terminar estos relativos e ineficaces medios de ayuda.*

- *Los sistemas de comunicación aterrorizaron a la ciudadanía, incentivaron la información de miedo y pandemia, creando altos niveles de incertidumbre en los ciudadanos, usando estadísticas de difícil comprobación, e información de los centros de atención medica, en donde a pesar de la exposición. el personal profesional afortunadamente fue el que menos sufrió, no obstante, la exposición directa al contaminante biológico.*

- *De manera inusitada en los medios masivos de comunicación, en especial en la televisión en plena efervescencia de la pandemia, la oferta de comerciales fue ilimitada, todos en sus contenidos amoldados a la situación, en total congruencia con la política de cuidados, aislamiento, entrega de productos a domicilio sin contacto, situación sugerente, ya que, las agencias de publicidad, y mercadeo, modelos, y su personal se encontraban encerrados en sus hogares como cualquier ciudadano desde el inicio del contagio masivo.*

- *En sentido contrario, pero con la misma eficacia, ahora en la nueva normalidad, desparece el mensaje de auto-cuidado y quedarse en casa, y se restablece con mayor intensidad la oferta de productos a la casa usando tecnología y aplicaciones.*

- *La misma situación se vivió en los supermercados locales y grandes superficies; en la semana de inicio de los periodos de aislamiento, dichos establecimientos se encontraban repletos de todos los productos y líneas, fenómeno incomprensible en tanto, los empleados y fabricas de alimentos se encontraban en la misma situación de aislamiento, a pesar de ello siguieron funcionando de la misma manera aun con más ímpetu, a pesar del riesgo descorrido en medios y gobiernos.*

- *El común denominador mundial fue la capacidad de sistemas y medidas de gobierno, incluso de nivel normativo coercitivo para aislar a la población en sus hogares sin importar su estado de salud, economía, laboral y social.*

- *Existió en el periodo, común acuerdo en que la población vulnerable era la de adultos mayores y ancianos, ya que los estudios, no precisan cuales, indicaban que el contagio era un riesgo para esta población, los jóvenes y niños no pertenecían a este nicho, el virus era selectivo creería en sus preferencias.*

- *La dinámica del comercio se incremento en todo el mundo a través de las plataformas digitales, APPs, ordenadores, comercio electrónico, transferencias bancarias, pago a través de datafonos, sin contacto, incluso se liberaron días sin IVA para movilizar los negocios, con gran acogida por la población enclaustrada.*

- *Los sistemas hospitalarios y UCI colapsaron por las cifras de pacientes; el mercado de la salud se incremento en este rubro en particular, con compras masivas de ventiladores, pruebas diagnósticos, y establecimiento de estructuras adicionales para las prestaciones en ambientes extra institucionales, ahora se advierte un negocio masivo y mundial con el tema de vacunas.*

- *El aislamiento permitió liberar el ambiente de las ciudades de la contaminación vehicular, con reducción significativa de las cifras, las otras especies se relajaron un poco de la vida contaminada del hombre.*

- *De la misma manera se aprovecho espacio para mejorar la infraestructura locativa de vías y calzadas.*

- *La televisión local y mundial opto por repetir viejos programas novelas, películas reiteradas, remakes, violencia, dramas afectivos, aprovechando el encierro unieron a viejas y nuevas generaciones utilizando contenidos probados por su eficacia para establecer parámetros de conducta en la población.*

- *El aislamiento incremento niveles de conflictividad familiar.*

- *De similar forma demostró la adicción de todas las generaciones a la información digital de los ordenadores, de las plataformas sociales y redes, de los celulares, de las aplicaciones; la interacción humana siguió esta línea d comportamiento predominante en la juventud.*

- *La Educación demostró que el modelo perfectamente se adapta a cualquier sistema, siempre y cuando se cancelen las matriculas y eso sucedió, la tecnología de comunicación a través de internet surtió sin defecto los procesos, pocas universidades o colegios retardaron sus programas; docentes y estudiantes masivamente se comunicaron por este medio, evidenciando la insuficiencia de los sistemas de evaluación, y privilegiando el contenido y La información para conformar valor en el proceso. La infraestructura educativa no fue relevante para el sistema.*

- *Empleos formales del estado se destacaron por permanecer en sus acciones, comunicándose con la comunidad por medios digitales sin obstrucción de la dinámica global, incluso impuestos y tributos se cancelaron de manera oportuna, la mayoría de manera virtual otro tanto presencial.*

El sector privado encontró una evidencia de la falta de necesidad de encerrar su población laboral en oficinas, el desempeño desde el hogar incluso para los grandes call center se desarrollo sin tropiezos desde casa, a pesar de que muchas de ellas manejaban información de datos confidencial de sus clientes.

- *La iglesia y sus ritos se masificaron, el mensaje se disemino por las redes y televisión sin obstáculo a su fin, las donaciones virtuales reemplazaron a las presenciales, las comunidades*

entendieron la preeminencia del modelo de indulgencias a través del pago virtual de transferencias bancarias.
El santo padre demostró su fe y creencia modulando los comunicados y fe a nivel universal en los mismos sistemas masivos.

- *La discusión global sobre el origen cierto o no de la pandemia fue materia de discusión en medios de todo tipo, con posturas disimiles, sin certeza de la definición el tema.*

- *Se redujo la tasa de violencia común, de movimientos guerrilleros, y la conflictividad independentista, de accidentes de tráfico, y la enfermedad de origen diverso común y laboral.*

- *Se pudieron realizar eventos globales, premios, conciertos, actividad deportiva sin la presencia humana, con indicadores de éxito en asistencia virtual.*

- *Teletrabajo, telemedicina, economía naranja en redes funcionaron y se aceptaron por los ciudadanos del planeta, y empleadores como una oferta válida para el desempeño de individuos y organizaciones.*

Imagen de Wokandapix en Pixabay

DESPUÉS

En esta etapa de **"nueva normalidad"** se aprecian particulares dinámicas en *proceso de estudio por su efecto a mediano o largo plazo, que tienden a restablecer el estado usual de cosas,* un antes algo diferente, basado en la capacidad del ser humano de olvidar, encontrarse viviendo desde la mente inconsciente, y sobrevivir "adaptado" a su programación corriente con pequeñas modificaciones del estilo de vida.

Quiero decir, los movimientos de la masa humana, se ajustan en este momento, al mismo fenómeno que sucede cuando una norma cambia una situación de cualquier índole, la respuesta inicial una queja, luego algún grado de manifestación expresa y revuelta, después un periodo de aceptación y finalmente se instaura la norma en plenitud y nadie la rechaza, se cumple.

Ejemplarizando el caso, llevado a la integración a la vida de las grandes comunidades urbanas del llamado **pico y placa vehicular**, restringiendo la movilidad, para disminuir la contaminación del ambiente, sin afectar el pago de tributos elevados, ni restringir la producción de vehículos, ni su venta.

En este espacio temporal, me surgen otras observaciones para su reflexión amigo lector:

1. Los sistemas de gobierno han superado en alguna medida el estado de incomodidad de la

población en temas sensibles, visible en el antes, incluso fortalecidos en su poder de coacción, asumiendo posturas más radicales en otros sentidos, ahora sin oposición por la persistencia de los riesgos biológicos actuales y posteriores.

2. El tema de vacunas, las nuevas olas de contaminación que han empezado a padecer las juventudes con mejor respuesta inmunológica, e incluso la niñez, han permitido la relajación del sistema de aislamiento y confinación, sin el uso de unidades especiales de cuidado médico ante el satisfactorio restablecimiento de los jóvenes expuestos a este virus, con tasas de mortalidad mantenidas en la población mayor, como se ha prevenido por el sistema.

3. El restablecimiento pleno de las noticias amarillistas y alarmistas en los noticieros de televisión y en otros medios, incentivando de nuevo la violencia de la guerra, común, transnacional, luego política, después económica y finalmente social, abandonando el interés radical del virus y la "pandemia", con algunas notas aisladas, y el uso por ahora de medios virtuales para integrar a los comentaristas y expertos desde sus hogares.

4. La publicidad masiva en televisión, de productos para salud y enfermedades se restableció total mente; exponencialmente el sector económico se abalanzó sobre la población cargada de mensajes de consumo, por ahora hacia la

virtualidad, al consumo digital desde hogares.

5. El modelo de trabajo de sectores productivos básicos con la presencia de empleados esta casi completamente normalizada, a pesar de la persistencia del riesgo de contaminación viral, sin incremento de las cifras relativas de enfermos, y sin vacunas.

6. El sector oficial presta sus servicios de manera mixta con un nivel de eficiencia superior al tradicional presencial desde la virtualidad.

7. El sector privado de bienes y servicios trabaja en modelo mixto presencial y virtual retomando sus niveles previos al pico de pandemia y confinamiento.

8. El sector salud permanece estable, pues, su desempeño fue idóneo y constante durante la crisis viral, pequeños ajustes en términos de prevención y contagio se han sumado a sus acciones de prestación asistencial.

10. El flujo vehicular se incremento a niveles usuales, la contaminación vuelve por su senda, la restricción similares planes a los previos a la pandemia.

11. Sectores generales como el hotelero, el turístico, bares, restaurantes ya muestran cifras de recuperación y comienzan la atención sin temor y relajación de medidas de aislamiento y protección.

12. El negocio bancario salió robustecido, sus cifras del negocio

incrementales, el uso de las plataformas mostro su utilidad en las transacciones, las web se modernizaron, los procesos de atención prestacional se mejoraron por la reducción del flujo de clientes a oficinas, la atención virtual desde casa de funcionarios y empleados efectiva.

13. El sistema público de transporte está comenzando a alcanzar sus medias de congestión tradicionales a pesar de las medidas de auto cuidado. Los desplazamientos en avión tienden a la normalidad a nivel nacional e internacional sin incremento sustancial de la pandemia, "el virus se está auto controlando."

14. Los paseos turísticos se han restablecido con el periodo de

vacaciones de verano en todo el planeta.

15. La población confinada en hogares se encuentra más adaptada a la circunstancia, realizan menos acciones en la calle, son más específicos en sus desplazamientos por el riesgo aparente.

16. Las protestas ciudadanas se han apaciguada, algunos picos aislados por violencia de los agentes de policía, y su abuso; rebelión contra el tapabocas en Alemania; movimientos políticos por tema de elecciones reaparecen con fuerza, etc.

17. El deporte, las iglesias, y los espectáculos de grandes aglomeraciones están esperando su propio espacio, en cuanto los

ejercicios pilotos no están evidenciando riesgos mayores para la población con tapabocas y mínimos espacios de separación entre individuos.

18. La tendencia en retornar al modelo presencial cada día es más activa en colegios, y universidades.

19. La producción de alimentos en el planeta no fue afectada por la pandemia, tampoco el manejo de procesos industriales para su transformación.

20. El intercambio transfronterizo nunca se afecto en la pandemia, tampoco el transporte de alimentos ni su almacenamiento, actividades que han seguido constantes in variación.

22. La tecnología demostró su capacidad de mantener al ser humano encerrado realizando acciones de trabajo, ocio, diversión, esparcimiento, negocio, y de servicios sin defecto alguno.

23. Las cifras globales de mortalidad en la pandemia, en estricto sentido no superaron las medias poblacionales corrientes por países y causas comunes a lo largo del periodo de confinamiento y nueva normalidad.

24. Los seres humanos en el mundo estuvieron confinados por varios meses y sobrevivieron a la experiencia de estar encerrados en sus medios corrientes de vida; pobreza, riqueza, deudas, conflictos familiares, enfermedad, dilemas afectivos, y estados emocionales se

mantuvieron. La violencia común y armada disminuyó notablemente.

25. Se incremento sustancialmente el costo de los alimentos y productos básicos de consumo por la necesidad.

26. Se desnudo un evidente cambio generacional, un predominio de la juventud sobre la adultez, en todas las áreas de la vida, fenómeno incómodo para la especie, cuando no se ha evolucionado en términos de inclusión e igualdad, y la educación facilita la discriminación.

Seguramente se me escapan muchos aspectos que usted ha considerado amigo mío.

La pregunta evidente y otras luego de estas simples y seguramente escasas observaciones del antes, durante y después, sería:

¿Qué sucedió en estos meses?

El ejemplo del cuento de pastorcillo mentiroso cobra vigencia, viene el lobo, viene el lobo y nunca llegó.

Imagen de Candid Shots en Pixabay

Imagen de pasja1000 en Pixabay

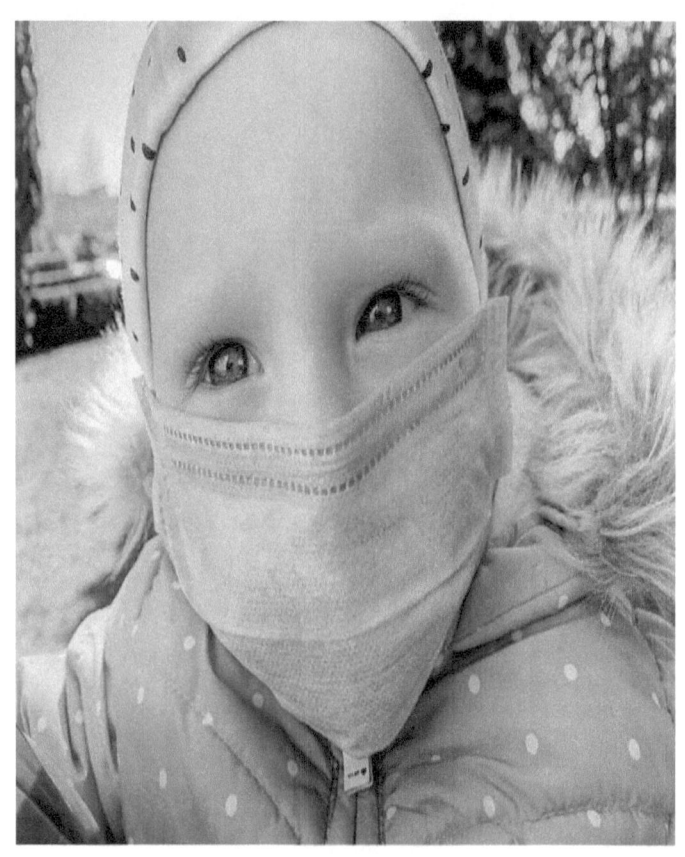

Imagen de Alina Braha en Pixabay

AHORA

Mencionemos algunas tendencias para seguir avanzando sin juicios, sobre lo que podría cambiar en algo el antes de la humanidad, que ahora aparece de nuevo como el antes pero ahora.

- Algunas multinacionales han decidido luego de esta experiencia de confinamiento y trabajo desde casa, un modelo definitivo de trabajo mixto, hogar varios días y presencial en la empresa de acuerdo a necesidad, privilegiando la productividad y los resultados sobre el lugar de desempeño, bajo un estilo de liderazgo diferente.

Siemens y Twitter destacan las noticias aprovechando la tecnología, están a la vanguardia del modelo de reducción de costos, e incremento de beneficios para sus colaboradores. Facebook Inc. y Alphabet Inc. han facilitado a sus operadores trabajar desde casa por el resto de esta temporada 2020.

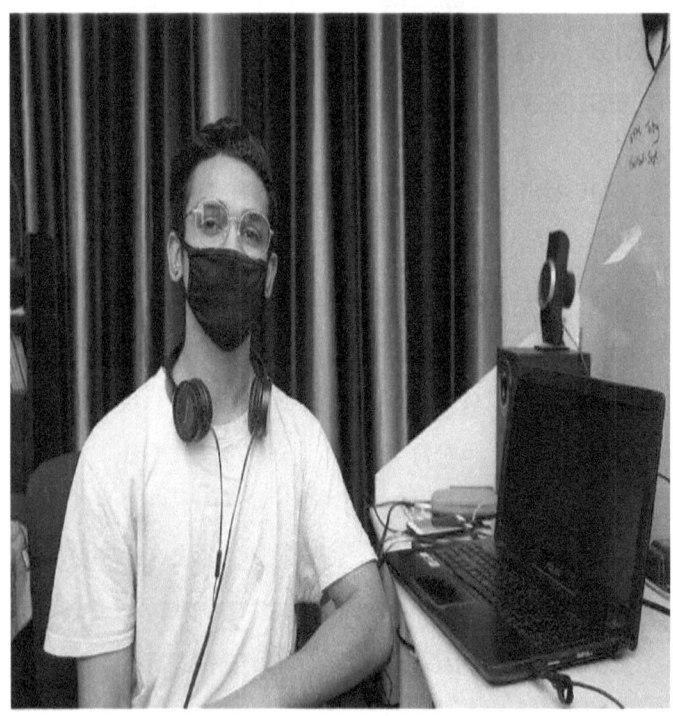

Imagen de Yogendra Singh en Pixabay

- Se han elaborado estudios que justifican el manejo de costos de las organizaciones desde lo público y lo privado, para desarrollar labores desde casa de manera definitiva (Trabajo remoto o desde el domicilio) de sus empleados, quienes al parecer se han acostumbrado a esta realidad.

- Tanto empleados como empleadores han encontrado niveles de rendimiento en el trabajo domiciliario superiores hasta en un treinta por ciento al corriente desde el trabajo presencial.

- Los dilemas corrientes del contacto entre trabajadores en oficinas por la asistencia han desaparecido en este periodo; los roces personales no ocurren por obvias razones; cajeros de banco están más relajados por la disminución sustancial del público que atienden; de la misma manera funcionarios de recepción de documentos, facturas, y atención al público en general se desempeñan mejor desde la virtualidad, recibiendo documentos electrónicos, correos y contestando de la misma manera.

- Cursan en los legislativos de varios países leyes que pretenden facilitar este tipo de trabajo remoto, por ejemplo, subsidio a equipos para la tarea, respeto de horas activas de trabajo, deducciones de impuestos, compensaciones, jornadas más laxas, etc.

-En el tapete de las discusiones de los expertos y científicos del mundo se debaten temas como: la prevención mundial de nuevos episodios como el actual; el cambio del modelo capitalista en su estructura organizacional; las necesidades de la especie sobre la economía, privilegiando el bienestar sobre los ingresos de las empresas; Modelos diferentes de gestión, y estímulo a los accionistas en contravía del rendimiento per se; El propósito como medida de eficiencia y rendimiento organizacional es debate académico actual orientado a las soluciones para las comunidades no solamente para el incremento de las ganancias sin medida.

- El sistema de educación demostró sus debilidades para los estudiantes de todos los niveles, en particular el universitario, quienes apreciaron:

- Que se puede aprender más desde casa, con menos distracciones y estrés social y académico.

- Se evidencio que la academia es un medio social más que de formación, y ese dilema se resuelve a favor del aprendizaje como propósito útil de vida.

- De la misma manera se observo por el conglomerado humano que los costos de la academia son exagerados por el solo hecho de asistir a unas instalaciones.

- Los desplazamientos físicos al sitio de estudio, se demostró traducen costos de vida y económicos sustanciales innecesarios para el estudiante y su economía domestica.

- De la misma manera se identifico la poca necesidad de migrar a otras ciudades para adquirir el conocimiento remoto; los entes académicos en cualquier ubicación en la contemporaneidad pueden asistir formaciones en todo el planeta gracias a la virtualidad.

- Se destacó que las redes sociales integran a la juventud bajo un rango de normalidad notorio, y que los espacios de integración social no se limitan al sitio de estudio como una ventaja de socialización definitiva.

- En el nivel de formación media, mejoraron los hábitos de relación humana entre padres e hijos, con mayor integración incluso desde lo académico, compartiendo trabajo y educación, reconociendo valor agregado a la ayuda mutua.

- Se redujeron las tasas de embarazo en adolescentes y enfermedades de transmisión sexual en esos nichos.

- Estudiantes universitarios sobre todo de la áreas de ingeniería y formación administrativa destacaron que los talleres presenciales y prácticas académicas murales y extramurales se pueden reducir significativamente sin afectar el rendimiento, por cuanto, la etapa teórica siempre es superior a la efectiva en laboratorios.

- Los estudiantes observaron que la planeación urbana puede mejorar y los grandes espacios académicos pueden convertirse en zonas de vivienda, relajación, y distracción para ejercicio y otras tareas.

- Los procesos administrativos académicos se facilitan a través de medios electrónicos.

- El nivel de alimentación y nutrición mejoro en los estudiantes durante este periodo, por la eliminación de la comida chatarra de sus dietas, además del importante ahorro en dinero para este consumo innecesario.

- El cierre de las escuelas demostró de nuevo el valor de la formación desde el hogar con principios y valores desde la casa impartida por padres, y familiares cercanos.

- Los escolares a través de la educación virtual fortalecieron nuevas habilidades y capacidades de atención, y cognitivas.

- El personal docente fue el más afectado por cuanto se lograron cubrir un mayor número de estudiantes con pocos profesores. La grabación de los contenidos, y la preparación de los materiales incremento y mejoró el nivel de formación de docentes desde su casa, y de estudiantes de igual manera.

- El ausentismo se redujo significativamente por la preocupación de padres directamente inmersos en los procesos, motivando a los jóvenes y escolares a sus tareas cotidianas.

- Las enfermedades comunes producto del contacto de jóvenes en sus medios de academia se redujo ostensiblemente como demuestran las cifras globales.

- Se modificaron los hábitos del aburrimiento e incomodidad

inicial de la pandemia, a mas relajación y felicidad en los educandos en todos los niveles.

- Un reducto de estudiantes de nivel básico significativo en la población de menores recursos económicos desde lo público, se vio afectado por la ausencia de sistemas de computación en sus hogares para recibir la formación remota; además del incremento de la economía doméstica en gastos de servicios públicos, alimentación no subsidiada como sucede en el colegio, desnutrición, violencia familiar; detectando las comunidades que el satisfactor es dependiente del Estado en estos casos de notoria desigualdad.

- Muchos de estos efectos positivos de la academia se extrapolan a los ambientes de trabajo por su beneficio evidente, en términos de reducción de gastos, manejo eficiente de costos, incremento de afectividad, mejor emocionalidad, menos riesgos vitales, aumento de productividad y rendimiento, salud y bienestar.

- La llamada pandemia, libero una situación que no se apreciaba hacia algunos años, la opción de repoblar zonas geográficas afectadas por la situación viral; varias ciudades, comunidades, y regiones del mundo ofrecieron a migrantes incentivos económicos, y condiciones de vida incrementales de comodidad y bienestar, por periodos mínimos en particular en áreas técnicas, para que parejas jóvenes habitaran en dichas vecindades.

- Las propuestas de organizaciones multilaterales para la prevención de epidemias están activas, en este ahora.

- Los modelos de salud mundial, las organizaciones del mismo nivel, las nacionales y locales demostraron sus debilidades y fortalezas, procesos que comienzan a rendir frutos en cuanto a información valiosa para mejorar y retroalimentar en todas su áreas los sistemas de salud mundial. Circunstancia muy dependiente del desarrollo económico de los estados y de sus políticas de gobierno en la materia.

- La pandemia impacto el hábitat de vida en alguna medida, en particular en la contaminación de vehículos, emisiones de carbón, y manejo de la demanda de energía; a pesar de lo cual los cambios climáticos y desastre avanzaron a lo largo de este periodo con efectos devastadores, grandes incendios forestales, plagas, ciclones, oleadas de claro, inundaciones, tifones, aluviones,

- La contracción de la economía y el desempleo es evidente a nivel mundial; factores como el turismo, y las remesas han sido fuertemente afectados; las balanzas de pago de algunos países requieren de apoyos crediticios en una economía global alterada; imprevisible el curso de las economías ante la mirada de líderes comprometidos con la mirada de multinacionales que descuidan las necesidades locales.

- La infraestructura de las ciudades demostró debilidades que facilitan la diseminación de enfermedades, la manera como se han concebido negocios, servicios públicos, multifamiliares, organizaciones, industrias, sistemas asistenciales debe ser revaluada.

Este un panorama muy incipiente de mis observaciones globales sobra la dinámica de la pandemia en sus diferentes aristas y momentos, por consiguiente tiene el sesgo de mi observación parcial, lo cual me induce a tomar partido, y declarar que el fenómeno mundial al principio es tanto realidad como ilusión desde la perspectiva más importante, la humana, para eso procedo a resolver la duda que plantee hace unos párrafos que sucedió.

Imagen de klimkin en Pixabay

¿QUÉ SUCEDIÓ EN ESTOS MESES?

Es una materia compleja, pues, estamos inmersos en el espacio vivo de las presunciones, de las asunciones, y estas son necesariamente producto de la información previa y de las memorias, del análisis lógico de la evidencia desde el pasado, y por eso inútil, si usted pude superar el parámetro úselo por favor.

Surge un cuestionamiento razonable que dirige mi comprensión para definir la pregunta de base formulada, **¿Predomino la producción o la innovación a lo largo de estos meses?,** vamos a determinarlo.

El único cambio que dominó este periodo, fue un hecho que se consolido desde la primera ola de la humanidad, cuando el hombre primitivo le dio valor al fuego, ahora se denomina tecnología de punta, inteligencia artificial, nanotecnología; y nosotros solamente nos reducimos como población y masa a las pantallas, sin adentrarnos al conocimiento de la tecnología que las crea, y menos de sus contenidos que dirigen la existencia de la humanidad.

Mi sentido natural, me indica que la vida humana en este siglo por lo tanto, gira alrededor de pantallas, de televisión, de ordenador, de celulares, de cine, de drones, de video juegos, que concentran a través de los contenidos creados por diversas fuentes, sin nuestro consentimiento, la vida que debemos seguir, a pesar de contar cada individuo con un libre pensamiento, autonomía, albedrío, consciencia y voluntad.

Entonces, las pantallas reflejaron y reflejan el contenido que ha generado esta situación transmitiendo noticias actualizadas del mundo, informando de una situación en China, que luego la OMS determino era de alcance global, y luego de las decisiones mundiales y nacionales que llevaron a la población al confinamiento.

Las decisiones de gobiernos locales comunicadas a través de estos medios indujeron comportamientos inusuales en ese aislamiento, determinando que la vida se desarrollaría predominantemente desde casa, como medida de protección para la prevención del contagio masivo de la comunidad.

Así las cosas, la vida siguió su curso habitual con restricciones, sugiriendo que la humanidad estaba en riesgo y por eso la manera de proteger a los más desvalidos era de esa manera, como indicaban expertos y comunidad científica, sin otras alternativas, de manera a como se hubiera afrontado el tema en la edad media.

La ignorancia de la especie, y el poder de las normas, apoyadas en las autoridades, además de la visión de medios de comunicación, hicieron visible esa realidad sin consultas previas para tomar decisiones consensuadas, circunstancia generalizada en todo el planeta.

La mente de las especie creo la ilusión y el fenómeno cobro vida en cada individuo desde su propia perspectiva, asumiendo un rol pasivo, para la sobrevivencia y conservación del estado vital por el riesgo percibido desde la inconsciencia.

Variables asociadas como la economía doméstica, el estado de salud previo, las finanzas, la vivienda, servicios, alimentación, trabajo, actividades asociadas, se desconocieron y la cueva, el encierro era la medida básica y primitiva de protección en apariencia, las consecuencias no importaban, los gobiernos ordenaron y los ciudadanos amedrentados como individuo y núcleo familiar guardaron la orden sin análisis.

La situación de presentó como intempestiva, súbita, aleatoria y de alto riesgo, imprevista.

Se libero espacio para la alimentación, los mercados se abarrotaron y la economía de subsistencia de mayor precio y consumo se estructuro por varios meses, los medios creaban la ilusión, las cifras destacaban la evolución de una pandemia mundial que intentaba ser controlada por la prevención del contagio ser a ser.

Por lo tanto, la ilusión domino sobre la realidad, la mente inconsciente sobre la consciente.

La producción determino el rumbo de la vida, y en ese escenario las actividades familiares, educación, y el trabajo fueron inmersos, usando de nuevo las pantallas, mientras se reactivaban otros sectores económicos (#quédateencasa), sin embargo el cobro de deudas persistía y alivios se promocionaban con onerosidad en el mediano plazo.

Así se instauro una dinámica de vida y trabajo que demostró o por lo menos simulo un nuevo estilo de vida.

Espacio usado para realizar pruebas sociales que no se podían aplicar de otra forma: Por ejemplo el uso de la tecnología desde el hogar para el trabajo; el desempeño de las plataformas sociales en toda la humanidad para la integración de la especie; el uso de los medios financieros a través de APPs y el dinero plástico masivo; la prestación de servicios desde la tecnología al hogar; la invasión de contenidos de programación a través de los medios de manera masiva; la descontaminación de la polución ambiental creada por la industria y los automotores; la evitación de movimientos, revueltas, paros y protestas sociales; cambios en la estructura del modelo social, trabajo remoto, estudio generalizado a distancia; integración del a familia con el retorno de la mujer tiempo completo a la casa; la identificación de grupos humanos vulnerables a través de la inscripción voluntaria en programas del estado; censos discriminados; identificación de gustos preferencias de individuos y núcleos; desempeño de las empresas en la prestación de servicios a la casa como en los años 60 y 70; medición de la reducción de la violencia común, armada; y de accidentalidad, entre otras.

Seguimos en la producción dominando a la innovación en este proceso endémico, esta solamente se transparenta en el desarrollo de ventiladores para asistencia respiratoria, y en la investigación descuidando protocolos para el desarrollo de vacunas contra el virus.

Desafortunadamente este espacio valioso de experiencia humana inducido por cosas, circunstancias o personas desconocidas, ha sido completamente desperdiciado por parte de los gobiernos, individuos y núcleos sociales, estamos volviendo al antes de manera muy avanzada, y rápida.

En otras palabras, retomamos la vida cotidiana con tapabocas, para hacer lo mismo de siempre, el ejercicio que más se ha intensificado es el de la prestación de servicios y trabajo de manera remota, o sea desde el hogar, y la atención de las necesidades de la casa por parte de las empresas hacia el mismo destino acudiendo a plataformas de tecnología y telefónicas.

Algo similar a la década de los años setenta del siglo pasado, en donde la leche llegaba a las casas, la lavandería era a domicilio, las mujeres eran las ingenieras y amas de casa, y las zonas residenciales eran los sitios preferidos por las empresas para la venta puerta a puerta.

Poco se desarrollo el dilema del hombre, de la especie, de la inconsciencia, de la deshumanización, de la corrupción del alma, de la interacción humana mermando la desigualdad, el propósito de la vida, del respeto del otro, de la dignidad, de la entrega a la espiritualidad, del amor como mandato divino, de la sabiduría e integración con la naturaleza.

Por el contrario el aislamiento fue total, los seres nos mirábamos con desconfianza, con temor, los edificios de propiedad horizontal parecían cárceles donde nadie podía relacionarse con nadie; el miedo desplazo al personal médico por su alto grado de contaminación y transmisión; el contacto humano se aisló, los moteles se desocuparon y la clandestinidad reino en todo el planeta de aquellos confiados en sus placeres y la ausencia de miedo de una noticia a la cual poca credibilidad otorgaron.

Un ejercicio simple de existencia bajo estas reales necesidades lo desate cuando solicite ayuda económica a diferentes individuos en el mundo, desde amigos íntimos hasta millonarios reconocidos en las redes del planeta, y se presento una repuesta de unidad comunitaria: Es una situación difícil, no tengo dinero, vivo de mi salario y no me alcanza, recibimos muchas peticiones de donación, si pudiera con mucho gusto.

Ninguno de estos seres era congruente con el momento, sus mentes a pesar del aparente riesgo les decían que iban a sobrevivir por mucho tiempo y requerían de recursos para mantener su statu-quo por siempre, hombres inmortales viviendo una pandemia de mortalidad diría.

¿Qué ha sucedido entonces?

Se han manifestado nuestros deseos más íntimos, y nadie lo puede negar, el sol ha brillado sin nubarrones.

Inicialmente hemos creído la información, y eso se ha facilitado por que en nuestro interior existe como tal esa incoherencia con el universo, que contrario sentido está lleno de abundancia, prosperidad y felicidad, además de todo para todos, sin excepción, ahora y en todo instante.

Por eso aceptamos me incluyo sin reparo el trabajo remoto como una realidad dentro de la ilusión, pues, deseamos desde la inconsciencia trabajar de esa manera, libre de supervisores, incomodidades con compañeros de trabajo, tráfico, ofreciendo nuestra mejor versión laboral sin necesidad de sanciones, malos tratos, miradas despectivas, etc.; y este espacio lo crea el deseo, y el universo lo entrega pleno.

Somos coherentes, apreciamos el tiempo de descanso y ocio, y sabemos que al trabajar de manera eficiente desde el domicilio podremos tener un mejor nivel de vida trabajando, es un deseo humano y la pandemia lo atrajo como opción de vida en total congruencia.

Por eso, los estudiantes y padres, preocupados y en la búsqueda de salidas a sus economías para la formación de sus hijos, han atraído el conocimiento de la realidad, y masivamente han reconocido el fenómeno.

El universo ha revelado en la pandemia, y el binomio padre hijo se ha dado cuenta de que las matrículas de las universidades son muy costosas por el hecho de brindar hotelería y acciones presenciales, nuestro ser entendía un mensaje contradictorio y se alineo con el universo, por eso en este periodo nos demostró que hay necesidad de cambiar el modelo, que ahora ve toda la humanidad.

Por ejemplo, un inteligente joven me señalo que ya no hay necesidad de asistir a conferencias presenciales con invitados internacionales en cada profesión para apreciar sus perspectivas desde otro continente, solamente hay que acudir a internet, comunicarse con ese experto, ofrecerle el dinero que considera vale el servicio justo por su capacitación, y hacerlo visible para todo un país de estudiantes a través del medio sistémico que mas deseemos, plataformas virtuales de video, postcast, televisión, y otras.

De la misma manera deseábamos no tener que desplazarnos de nuestra ciudad de origen y aprender en universidades reconocidas y esa realidad que era tangible para los postgrados tomo relevancia ahora para los pregrados, colegios, escuelas.

La abundancia se hace más clara en este escenario de pandemia, ante la coherencia de los seres, de educandos, en cuanto las universidades cuentan con gran cantidad de material de clases grabado, que facilita la repetición de las materias en cualquier momento, sin necesidad de notas adicionales, los estudiantes las pueden consultar cuantas veces deseen, y el costo de las universidades se reduce sustancialmente, los profesores pueden de manera remota construir sus cátedras con mucho más cuidado y abundancia.

Los abuelos enseñaban a sus nietos, la existencia de clases básicas para escolares a través de la televisión, se llamaba televisión educativa y anhelaban volver a los mismo, pues, esa realidad dentro de la ilusión está comenzando a cobrar vida por el deseo y el universo lo condensa, para las clases de menos recursos, el televisor siempre está disponible, solamente se requiere de una política pública, y se crea empleo, se disemina el mensaje de educación, y se valida con la experiencia de muchos años atrás efectiva.

De igual manera la pandemia devuelve el anhelo de que la casa, el hogar sea la fuente de riqueza de la sociedad y de las familias, y en los estratos menos pudientes, se anhelaba este deseo, y por ello, surge la opción de llevar a los escolares hasta sus hogares puerta a puerta las meriendas de los servicios púbicos desayunos y almuerzo para que los niños mantengan su adecuado estado de nutrición, en vez de desplazarlos a los colegios, como medio para evitar contagios masivos, y la infraestructura de los mismos, dedicarse a otras mejores acciones.

La pandemia ha demostrado la efectividad del sistema de mercadeo a la casa, ello evita desplazamientos en vehículos innecesarios, la congestión de supermercados, y plazas, ahora con una llamada, o una video llamada, podemos traer de nuevo el supermercado a la casa, a la residencia, ahorrando sustancialmente dinero y tiempo, estos hipermercados se pueden suprimir llevando de la fuente al consumidor los productos creando una red de valiosa producción e innovación a precios de fábrica.

El modelo de tiendas de barrio, se acoge al mismo sistema, ellas desde hace mucho tiempo surten los hogares con sus domicilios, y agentes en bicicleta como los negocios de la red.

Los dineros de las grandes superficies, perfectamente pueden seguir intermediando si es su deseo sin la presencialidad que ha demostrado ser una fuente de enfermedades e incomodidad para la humanidad, creando caos vehicular y contaminación por el acompañamiento de los desplazamientos siempre en auto motores públicos o privados.

El caminar se ha vuelto una rutina de vida, que favorece la salud y el bienestar.

La ilusión de la pandemia, ha creado la posibilidad de modelar y usar lo mejor, cambiar el antes por un antes de innovación, sin embargo el miedo paralizó a la población y pocos desarrollos se hicieron de parte del gobierno, los individuos y las organizaciones para avanzar radicalmente hacia un mundo increíble.

Solamente, se crearon modelos de restricción, y aislamiento, tapabocas, visores plásticos, guantes desechables, separadores entre conductores de servicio público y sus clientes, y mallas sintéticas apara aislar un empleado de otro en ocupaciones laborales, pruebas médicas y vacunas en desarrollo.

La visión de largo plazo no se aprecio en los liderazgos mundiales, por eso las mismas noticias, los mismos espectáculos, la mente programada de unos y otros solamente se restringe a lo que conoce y sabe, balompié, tenis, espectáculos musicales y cine, no avanzamos en la comprensión del planeta y su mensaje liberador, cuando contamos con la poderosa herramienta del deseo, y la unidad universal que todo nos lo da sin limitaciones.

Tenemos mentes limitadas, por la inconsciencia, pero podemos salir de ese encierro, la humanidad lo pide, es la integración del ser con otros seres superando la escasez del sistema de vida, es una propuesta del universo la que se ha visto reflejada desde la mente de muchos individuos que reflexionaron en este periodo y toma fuerza universal.

¿Qué hacemos?, es la pregunta de base ahora.

Repito un ejemplo, que demuestra el poder de la coherencia de pensamientos y universo, si deseo darle un beso a una hermosa mujer que conozco, siempre llegare a ese fenomenal momento, ello es posible porque lo deseo desde la inconsciencia y desde la consciencia, en total coherencia y congruencia, el universo, y el sistema reticular activante, la amígdala cerebral me llevan hacia cumplir ese deseo siempre.

De la misma manera sí creo y me dejo influenciar por la negatividad de los medios, de la publicidad, penetran a través de mis sentidos los mensajes y esa es la ilusión, la irrealidad, le mentira que me induce para atraer lo que no deseo a la existencia poderosa y divina que nos dota en alegría y abundancia.

La ruta opuesta, esta disponible todo el tiempo para nuestro bienestar, esa lucha interna que nos incomoda es el deseo de unirnos al universo creador para salir del encierro de la mente y penetrar en una nueva dimensión la de la certeza, la de la verdad, la de la unidad, la del amor, incondicional, la de la prosperidad en lo material y espiritual sin enfermedades, sin dolor, sin sufrimiento, todos en un estado de riqueza universal, este un claro mensaje de este periodo que ahora, quieren comenzar a cubrir con el modelo de antes.

¿QUÉ HACEMOS?

La nueva normalidad es una ilusión, es un mensaje de programación del exterior hacia el interior, como siempre ha ocurrido.

Notemos que si la vida que presenciamos hoy, no nos hace felices, es producto de nuestros pensamientos, de las emociones y sentimientos que se derivan de ellos, por eso es posible que la queja universal se haya manifestado de esta manera, porque la felicidad y la alegría no reinan en la tierra en este siglo.

¿QUÉ HACEMOS? Simplemente debemos retomar el poder del ser interior, y atraer lo que deseamos, entenderlo como ya concedido, y proyectarlo en la pantalla de nuestra vida y del universo.

¿Qué significa eso para mentes programadas y prácticas?

Es una tarea simple, en un comienzo no hay que hacer nada.

Observar lo que pensamos es la fuente del cambio por cuanto hacemos consciente lo que funciona inconscientemente.

Y luego buscar coherencia de los deseos y pensamientos sin negaciones, permitiendo, eliminando la resistencia, y aceptando que no podemos controlar nada, ruta plena para que penetre el mensaje de abundancia del universo.

O sea, disipando dualidades, querer y no querer, amar y no amar, tener y no tener, creer y no creer.

Esta coherencia elimina el miedo y la contradicción que fractura el mensaje de bienestar; si no sabes y desconoces lo que el universo atrae para ti producto de tu más intimo deseo, pregúntale con amor:

- Universo creador enséñame lo que me has concedido, que no veo, y merezco.

¿Y este mensaje, esta práctica como se digiere en esta situación?

Más sencillo aún.

No te resistas, di gracias, y observa el universo actuar, solamente enfoca tu atención en lo que deseas, mi libro "Mis deseos lo sabía", te orienta.

Veamos cómo funciona desde mi perspectiva, la tuya será más

valiosa siempre porque implica que te has expandido.

Entonces:

Si has estado por varios meses trabajando remotamente desde tu hogar, y te ofertan hacerlo de manera definitiva, y te ha gustado como te has desempeñado, ahora por gusto y preferencia pues, acepta.

Hasta los Call center de las grandes empresas del sector han observado las ventajas de tener a sus empleados laborando a domicilio.

Si has sido consciente del proceso elabora una lista de las ventajas con que has contado y poténcialas, no evalúes las desventajas.

Imagen de Rajesh Balouria en Pixabay

Por ejemplo, la comodidad del trabajo desde el hogar, las opciones de descanso durante la jornada, la posibilidad de caminar y hacer ejercicio, el compartir las comidas con tu familia, el ahorro en los desplazamientos en vehículo o servicio público, la disminución de riesgos de contagio, la libertad del control de jefes y mandos medios; la posibilidad de terminar tus tareas de manera más eficiente y eficaz, el auto reconocimiento, y la auto indagación, etc.

Si el camino trazado te disgusta y deseas permanecer en el modelo de programación retoma tu trabajo convencional con medidas de prevención.

Imagen de Luciano Teixeira en Pixabay

Has sobrevivido al impacto del sistema, puedes seleccionar ahora tus proveedores en casa de manera más específica, por calidad, costos, servicio, ofertas, descuentos, y si deseas salir a un supermercado selecciona el que te favorezca; caminar, visitar parques, jugar, y si tu familia se ha incorporado al modelo remoto desde la educación y el trabajo de tus seres queridos, pues, a disfrutar.

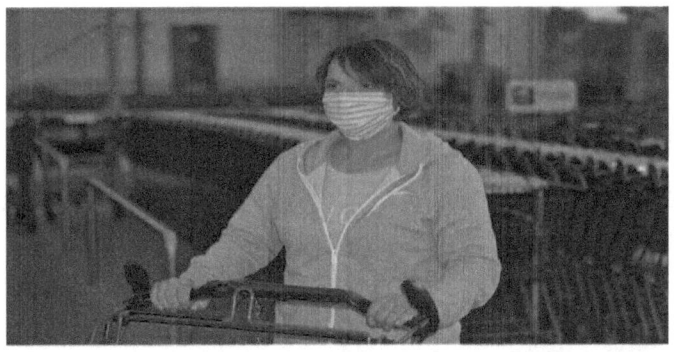

Imagen de Anrita1705 en Pixabay

Selecciona las redes de servicio de internet de acuerdo a tu proyecto de negocio, revisa la economía doméstica, planea la programación de televisión que deseas.

Revisa el modelo de estudio de tus hijos, y si continua la oferta a distancia en el hogar privilegia las ventajas en términos de finanzas, horarios, disponibilidad, red, calidad, seguridad, el embarazo en adolescentes se redujo sustancialmente en este lapso por ejemplo.

Nadie te ha alejado de tus amigos, familiares y vecinos, si resientes un cambio es tu mente la que no se acomoda, revisa los pensamientos y entra en coherencia, ya puedes visitarlos, encontrarte en espacios públicos, pasear, teniendo ciertos cuidados, adelante.

Soy optimista, los cambios son para mejorar, sin embargo, preveo que poco durara este periodo, las bondades para los seres humanos, pronto las detectara el sistema y volveremos a lo mismo de antes.

Mientras este fenómeno dura, canaliza tu energía a tu favor, es tu mejor aliado y el de tu familia.

Observa, este periodo te permitió descubrir que no eres el trabajo, ni eres un estudiante, ni eres un consumidor compulsivo, ni eres un turista, ni eres tu familia, ni eres lo que el exterior desea que seas; tuviste la oportunidad si la viste, de encontrar a un ser valioso por sí mismo.

En este sentido, pudiste sanar, recuperar tu autoestima, tu relación afectiva, tus hábitos de comida, paseo, distracción, ocio, bienestar.

¿Cómo lo hacemos? dejando fluir la energía interior, y observándonos, se expande nuestro universo, y nos vemos al comienzo muy pequeños, pues, estábamos dominados por el sistema, las preocupaciones, el deber laboral, la selección del sitio para almorzar, la digestión en plena jornada de trabajo, el intercambio con muchos seres en espacios públicos, la soledad en medio de la gente, adicciones a la contaminación, al cigarrillo, a las bebidas los fines de semana, situaciones todas que se han superado gracias al hacer y cambiar por este periodo de vida.

A pesar de la evaluación que estoy haciendo, conozco de primera mano que tu mente solamente se está enfocando en la principal atadura del sistema mental: El dinero, y las deudas, y el manejo esa realidad, ilusión.

Este tópico desde la versión más avanzada del ser, en la dimensión del universo, está resuelto, es tan abundante en nuestras vidas, pero no le damos cabida, precisamente por esos pensamientos.

Quiero decir, si pienso que necesito dinero, estoy en carencia; ya que siempre tengo la abundancia que requiero de todo en esta vida, el universo creador provisiona, si proyecto la carencia, pues, el mensaje de prosperidad no llega y me quedo con la proyección de carencia, parece bastante absurdo pero así es.

De todas maneras si crees que puedes tener el control, asume tu poder, responsabilidad y crea nuevas fuentes de ingreso, partiendo de tus habilidades, conocimiento, y penetra el sistema desde casa, para consumidores desde casa por ahora, si vuelves a la rutina del empleo presencial, será fácil acomodarte a la vida que llevabas, solamente debes negar las bondades de este periodo maravilloso.

Pocos seres en el planeta han reconocido la ventaja de esta situación, los multifamiliares pueden integrar toda una red de servicios y funciones, alternando actividades, con grandes ahorros financieros de costos y gastos innecesarios, pero se requiere del respeto del otro, de la admiración y comprensión de la naturaleza humana.

Compras ajustadas a economías de escala, sobre todo para productos y bienes de consumo, alimentos, aseo, medicamentos, snacks, aprovechando que las grandes empresas están dispuestas a atender pedidos a domicilio. En similar orden el uso de vehículos compartidos para desplazamientos en diferentes actividades; o el alquiler de servicios para dicha opción ahorra combustible, desgaste automotor, y contaminación, como ejemplo de adaptación a la normalidad.

Con mayor sentido de pertenencia de la especie, desde el hogar, se pueden manejar fondos económicos compartidos para minimizar el impacto del endeudamiento con el sistema financiero, con mayores privilegios entre vecinos, o servicios profesionales con mayor racionalización de honorarios.

La educación si muestra un impacto notorio, por las evidencias que revelo en este espacio de existencia humana global, la oportunidad de forzar un cambio está en nuestras manos para reducir significativamente el efecto en las finanzas del hogar.

Pocas profesiones, acciones técnicas o tecnológicas, formación media y escolar no se pueden enseñar y aprender remotamente, reduciendo significativamente costos de matrículas, desplazamientos, alimentación, vivienda, vestuario, riesgos de salud-vida; incrementando comodidad, ingenio, y acciones de vida.

Los webinarios de audio y video son la poderosa herramienta de la virtualidad hoy para la educación ahora; los docentes de todos los niveles deben adaptarse a ese contexto, pues, son minoría enfrentados a la densa masa poblacional dedicada a estudiar.

Es que estudiar es un placer de la vida, no un negocio, su fortalece consiste en inducir la satisfacción para el desarrollo personal, por eso, la pandemia creo esta posibilidad, debemos salir de las mentes programadas para olvidar los diplomas y certificados y mutarlos en conciencia y servicio.

Esto de salir de los muros de colegios y universidades conlleva un valor agregado importante, la socialización impartida fuera de estos centros de formación es mucho más liberadora, especial, amable, concordante con los seres, con la vida, con la expansión. El reducto académico genera una confusión que ha llevado al estado actual patológico de la vida en las comunidades, por la competencia que se integra hostilmente en la educación originada en las etiquetas y estereotipos, que discriminan a un individuo a lo largo de su vida (Nerds, geeks, bullying, etc.)

Tal como se aprecia el desarrollo de la situación, lo más notorio y oscuro, por su radicalización se relaciona con la inmaterialidad del dinero, ni las criptomonedas van a ser necesarias, el circulante esta despareciendo como lo requería el sistema, los billetes son costosos, su aval en oro imposible de mantener para las bancas centrales, por eso, todo se reflejará en números en cuentas del celular, tarjetas cifradas en los móviles, y en códigos QR, Bar código, con sensores en todos los negocios del planeta, como China y Japón vienen realizando desde hace una década, en sus publicidades callejeras, y supermercados, llevando los productos al hogar a las horas prefijadas, aquí no tenemos acción alguna para nuestro beneficio.

Imagen de Tumisu en Pixabay

En apariencia, entonces por ahora ha existido un cambio, *creería no es cierta la apreciación,* ya llevaba mucho tiempo el sistema modificando la realidad (ilusión) para que tu no lo notaras, este periodo fue la fase final de esta primera etapa de programación para la especie del planeta.

Para cocinar las ancas de rana, se les introduce en agua tibia y poco a poco se incrementa la temperatura hasta cocinarlas y ellas ni se dan cuenta.

Tu responsabilidad en ese proceso es ser feliz, y si lo comprendes prontamente más lo serás.

Ya sabías de los avances de la tecnología digital y el intercambio por medio de celulares; ya conocías del mercadeo por redes; ya sabías de los cookies y la pixelación de tus gustos y preferencias desde tus correos, desde tus visitas a plataformas sociales; ya sabías del entretenimiento masivo y publicidad en redes; ya conocías el manejo amarillista de la televisión y la violencia de la programación; ya conocías de la economía naranja; del teletrabajo, del emprendimiento desde casa; de las APPs y su modelo de la banca; ya conocías de la integración de países como la OCDE, y los de oriente; ya sabías del cambio de los modelos en China de productores de baja calidad a innovadores de última tecnología; Conocías de los dilemas económicos de USA, Europa, América Latina; Desde medios, cine, televisión y organizaciones multilaterales que las pandemias estaban cerca (Brotes de SARS, cólera, paludismo, dengue, chikungunya, ébola en áfrica).

Como puedes apreciar simplemente no eres consciente de tu entorno, solamente de lo que los medios te presentan en sus noticias y como cada día cambia la orientación te olvidas, pero no tu poderosa mente que guarda la información, te sorprendes con el panorama, pero ya lo sabías.

De la misma manera dejas que la cotidianidad maneje tu rutina, y no ves más allá, trabajo, dinero, cuentas, preocupaciones del medio familiar, laboral, miedo, rutina.

¿Cómo hacemos?

Detente, para, siéntate, descansa, el mundo y la vida siguen evolucionando, contempla, no te identifiques, acoge tu identidad en unidad, ocúpate en ella desde la consciencia.

¿Qué aprecias?

Nada, o todo, existe una nueva normalidad, mejor, peor o igual.

Poco importa para el universo esa percepción, es programada se está expresando tu pasado, tus memorias.

Siente, las sensaciones te revelan si existen cambios tangibles, si el momento te hace feliz, alegre, sonríes, y los tuyos en casa se expresan de la misma manera, hay un cambio para tu bienestar, si no sucede nada, tu sentir es plano, te encuentras atrapado en la dinámica del mundo como era antes y como sigue siendo.

Si te quejas y eres víctima de la situación, no eres feliz y estás en franca involución, detén el paso, quédate quieto, y permite que el universo tome el mando, y te expanda.

Cambiar para el cambio es la mentalidad, adaptarse es una valiosa herramienta, siempre con predominio del ser interior.

Este suceso no ha ocurrido desde mi criterio en este corto espacio del movimiento universal, la especie dominada acepto la ilusión sin respuesta en el planeta, sin su consentimiento, aceptando sin controvertir, como sucede diariamente, sistema que opaca la existencia, su expansión, la libertad, el amor, por ello vivimos desde la mente, solicitando indulgencias y confundidos.

La circunstancia es dependiente del miedo a trascender, lo que en oriente milenariamente era parte de la educación desde la infancia, o en Grecia se impartía a las juventudes, hoy se niega en el mundo oriental y occidental, y ese temor induce las respuestas de la humanidad que se han integrado por ese camino en la mal llamada Pandemia.

Una situación común a la vida, se expreso de manera alarmista y descuidada, infundiendo pánico a la humanidad, y creyendo someter a los seres para su dominio y cambio de respuesta a los dilemas sociales, han favorecido en alguna medida la expansión de sus vidas, espero que aquellos que lo lograron persistan en esa ruta, más feliz, más alegre, más entusiasta, más inspiradora, más plena, más agradable.

EPÍLOGO

Luego de este somero proceso de entendimiento de algunas situaciones derivadas del episodio global generado por los gobiernos del mundo y los medios de comunicación, **encuentro que la normalidad** es una etiqueta más, los profundos cambios anunciados son pocos, pero si los aprovechamos a nuestro favor contundentes.

He intentado descubrir algunos tópicos, seguramente usted apreciado amigo (a) ampliará las perspectivas.

Esta condición humana se convierte en una oportunidad de retomar la **"normalidad del ser"** saliendo definitivamente de los programas mentales y viviendo en consciencia pura.

El obstáculo a la vida de bienestar **es el miedo,** y su interpretación desafortunada asociada con la con **la muerte y el dinero.**

Superar estas barreras del ser es posible, se requiere mirar hacia adentro, profundamente, y dejar de controlar, soltar la experiencia humana, y vivir solamente como lo hacen las demás especies.

Imagen de Krzysztof Niewolny en Pixabay

Persiste la identidad de cada uno de nosotros como la fuente del cambio real, después avanzar en la *consciencia* del auto reconocimiento y finalizar el camino con la comprensión de la existencia de un *universo que nos brinda todo*, satisfaciendo los deseos más íntimos, si aceptamos que no podemos controlar nada y nos rendimos a esa fuerza sabia y superior.

He ofrecido un sin número de estrategias para abordar esta ilusión, que existe como realidad en la mente, pero no en el mundo credo por el universo, *son simplemente expectativas inducidas,* que han etiquetado como "nueva normalidad", la de siempre, la de antes, pero ahora temporal y geográficamente, para nada un componente real del ser, por eso, no es una realidad, es una ilusión y solamente a usted le compete salir de allí para reconocer la plenitud y el bienestar de la existencia ahora, en presencia.

Imagen de mohamed Hassan en Pixabay

Imagen de Daga_Roszkowska en Pixabay

¿Estoy de acuerdo con que la "nueva normalidad" este reglada?

¿Considero La "nueva normalidad" es cuestión de economía y finanzas?

¿ La educación en la "nueva normalidad" debería ser?

¿Los seres humanos avanzamos hacia la consciencia en esta pandemia?

¿Entiendo por auto cuidado en la "nueva normalidad"?

¿La pandemia para mí fue?

¿Opino del trabajo remoto?

SUERTE

MUCHAS GRACIAS

www.ingramcontent.com/pod-product-compliance
Lightning Source LLC
Chambersburg PA
CBHW031421210526
45464CB00005B/1988